spot

NUESTRO SISTEMA SO...

URANO

por Alissa Thielges

AMICUS

telescopio
espacial

anillos

Busca estas
palabras e imágenes
mientras lees.

luna

nave espacial

¡Guau! Qué planeta genial.

Es Urano.

Urano está congelado.

Es un planeta grande.

Es el séptimo más

próximo al Sol.

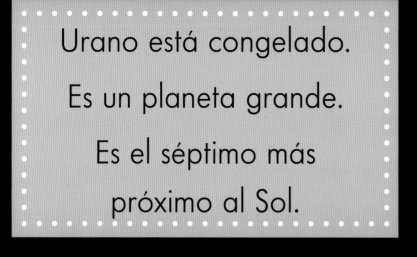

Marte

La Tierra

Venus

Mercurio

Júpiter

Saturno

Urano

Neptuno

¿Ves el telescopio espacial?

Viaja alrededor del Sol.

Toma fotografías de Urano.

telescopio espacial

¿Ves los anillos?

Son muy tenues.

Están hechos de hielo.

anillos

¿Ves la nave espacial?

Voló cerca de Urano.

Es la única que lo hizo.

nave espacial

¿Ves la luna?

La nave espacial la vio primero.

Se llama Puck.

luna

Urano está cubierto de nubes.

Se ven azul verdosas.

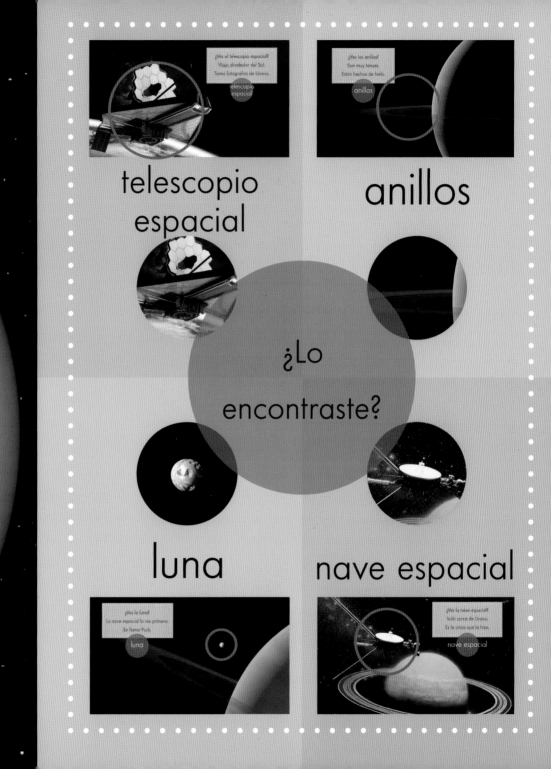

telescopio espacial

anillos

¿Lo encontraste?

luna

nave espacial

spot

Publicado por Amicus Learning, un sello de Amicus
P.O. Box 227, Mankato, MN 56002
www.amicuspublishing.us

Library of Congress Cataloging-in-Publication Data
Names: Thielges, Alissa, 1995- author.
Title: Urano / por Alissa Thielges.
Other titles: Uranus. Spanish
Description: Mankato, MN : Amicus, [2024] | Series: Spot. Nuestro sistema solar | Audience: Ages 4–7 | Audience: Grades K–1 | Summary: "Uranus—cold and icy. Early readers discover the ice giant's key features and what makes it different from other planets in the solar system. Simple, Spanish text and a search-and-find feature reinforce new science vocabulary in this North American Spanish translation"—Provided by publisher.
Identifiers: LCCN 2022049445 (print) | LCCN 2022049446 (ebook) | ISBN 9781645495895 (library binding) | ISBN 9781681529134 (paperback) | ISBN 9781645496199 (ebook)
Subjects: LCSH: Uranus (Planet)—Juvenile literature.
Classification: LCC QB681 .T4518 2024 (print) | LCC QB681 (ebook) | DDC 523.47—dc23/eng20230106
LC record available at https://lccn.loc.gov/2022049445
LC ebook record available at https://lccn.loc.gov/2022049446

Impreso en China

Rebecca Glaser, editora
Deb Miner, diseñador de la serie
Lori Bye, diseñador de libro
Omay Ayres, investigación fotográfica

Créditos de Imágenes: Getty/ewg3D 4–5; iStock/lanm35 8–9; Science Source/Julian Baum 10–11; Shutterstock/ManuMata 12–13, NASA images cover, 1, 3, 16, Paopano 6–7, Sergey Fedoskin 14

URANO